Primera Biblioteca Infantil de Aprendizaje

Música y Arte

TIME-LIFE, ALEXANDRIA

Índice

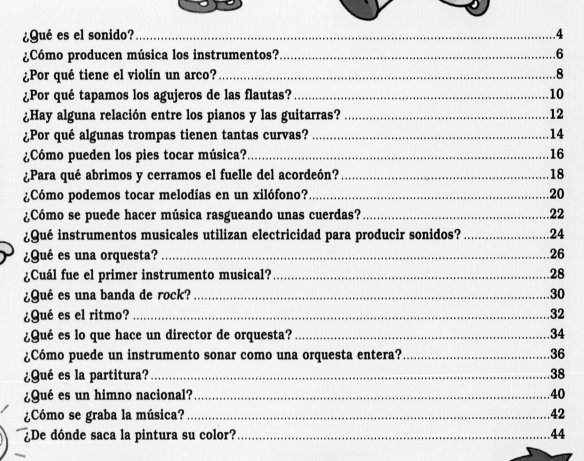

 ¿Qué es el sonido?

Cuando alguien habla, grita o canta, se producen vibraciones en el aire. Estas vibraciones del aire se expanden en forma de ondas. Cuando las vibraciones llegan a nuestros oídos, las percibimos como sonidos. También podemos producir sonidos cuando golpeamos, rasgueamos, partimos, rascamos, frotamos, punteamos o soplamos cosas. Por ejemplo, cuando golpeamos un objeto, éste vibra (aunque sólo sea ligeramente), y esto hace que el aire de alrededor también vibre. De nuevo, las vibraciones del aire se extienden en forma de ondas.

▷ El sonido se mueve a través del aire en todas las direcciones a la vez, extendiéndose en forma de ondas.

▲ No podemos ver las ondas de sonido, pero son como las ondas circulares que se forman en una charca cuando lanzamos una piedra en ella.

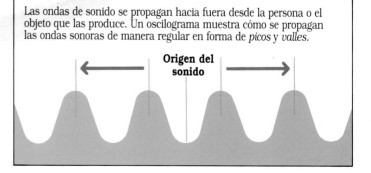

Las ondas de sonido se propagan hacia fuera desde la persona o el objeto que las produce. Un oscilograma muestra cómo se propagan las ondas sonoras de manera regular en forma de *picos* y *valles*.

Origen del sonido

■ Sonidos suaves y sonidos fuertes

Sonidos suaves. Cuando los sonidos son suaves, los *picos* de las ondas sonoras son bajos.

Sonidos fuertes. Los *picos* de las ondas sonoras son más altos cuando los sonidos son más fuertes.

■ Sonidos agudos y sonidos graves

Sonidos agudos. Cuando los *picos* de las ondas sonoras están muy juntos, el sonido que oímos es agudo.

Sonidos graves. Cuando los *picos* de las ondas sonoras están muy separados, oímos un sonido grave.

■ El tono

Diferentes objetos producen diferentes clases de sonidos. Esto es lo que conocemos como tono.

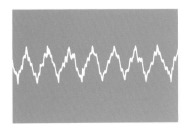

● A los padres

El sonido no es transportado por corrientes de aire. Más bien, se propaga a través del aire en forma de ondas, como un cuerpo de tres dimensiones. Los tonos simples tienen sólo una frecuencia, aunque pueden variar en intensidad. Los tonos musicales consisten en más de un tono simple, y sus frecuencias son todas múltiplos de la frecuencia más baja y fundamental. Una combinación de tonos como ésta es agradable al oído. La intensidad del sonido, o su sonoridad, está determinada por la distancia entre los puntos más altos (*picos*) y más bajos (*valles*) de las ondas sonoras.

¿Cómo producen música los instrumentos?

RESPUESTA Hay muchas clases de instrumentos musicales. Algunos producen sonidos cuando los golpeas, otros cuando soplas dentro de ellos, y otros cuando los punteas o deslizas un arco por sus cuerdas. También hay instrumentos que utilizan la electricidad para generar sonidos.

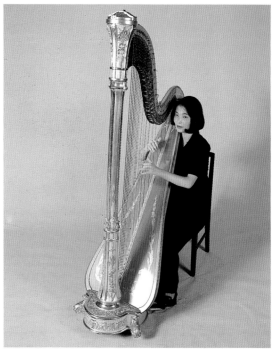

▲ **Arpa.** El elegante arpa produce música cuando un arpista puntea sus cuerdas.

Instrumentos de cuerda

▲ **Violín.** Un arco hecho con el pelo de la cola de un caballo se desliza por encima de las cuerdas de un violín para hacer música.

▶ **Piano.** Un piano crea música cuando unos macillos que están conectados a las teclas golpean unas cuerdas en su interior.

Instrumentos de viento

▶ **Flauta.** Una flauta es un tubo pequeño y hueco que se toca soplando dentro de él. Esto hace que el aire del interior vibre y se creen sonidos musicales.

▲ **Tuba.** Llamada a menudo contrabajo en las bandas de cobres (instrumentos de viento metálicos), se toca soplando por la boquilla.

Instrumentos electrónicos

▼ **Guitarra eléctrica.** Algunos instrumentos musicales, como la guitarra eléctrica, utilizan la electricidad para producir sonidos.

Instrumentos de percusión

Los instrumentos que, para que produzcan música, tienen que ser golpeados se llaman instrumentos de percusión.

Timbales. Los timbales se afinan al girar los tornillos que hay alrededor de la parte de arriba de cada uno de ellos.

● A los padres

Desde la época de los griegos y de los romanos, los instrumentos musicales han sido clasificados como instrumentos de viento, de cuerda o de percusión; a veces se añade otra categoría, la de instrumentos de teclado. También se han desarrollado otros sistemas de clasificación. A principios del siglo XX, el austriaco Erich von Hornbostel y el alemán Curt Sachs clasificaron los instrumentos según el material que producía el sonido. Entre las categorías de su sistema están los instrumentos que producen sonido mediante una columna vibrante de aire y los instrumentos que producen sonido mediante una membrana vibrante.

¿Por qué tiene el violín un arco?

RESPUESTA Algunos instrumentos de cuerda producen sonidos cuando son golpeados o punteados, y otros cuando se desliza un arco por sus cuerdas. El violín produce sonidos cuando se desliza un arco confeccionado con el pelo de la cola de un caballo por encima de sus cuerdas. El arco genera un sonido suave y agradable.

Tocando el violín

Cuando se toca con un arco, el violín genera un sonido que es más suave que si se rasguearan o tañeran sus cuerdas. Cuando se pasa el arco por las cuerdas, el violín produce un sonido parecido a una persona cantando.

▲ Posiblemente, el primer instrumento de cuerda fue la antigua cítara griega, que es una especie de lira.

▲ Arco

¿Cómo eran los primeros violines?

Los violines han existido desde hace mucho tiempo. El *rabab* iraní fue probablemente el precursor del violín actual.

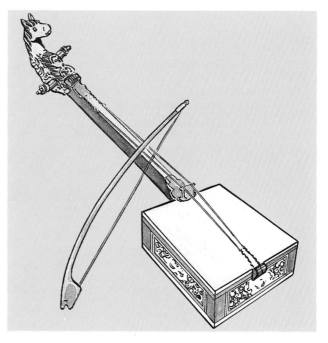

▲ La utilización del *rabab* se expandió desde Irán a Mongolia. En Mongolia, el *rabab* fue adaptado y se convirtió en un instrumento llamado *batookin*.

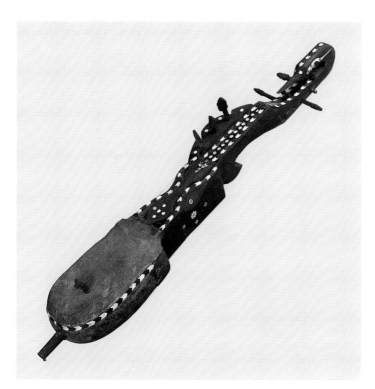

▲ El *rabab* se toca deslizando un arco por sus cuerdas como si fuera un violín. Se puede encontrar en Irán y en regiones vecinas.

▶ El *rabab* también fue adaptado en Europa. Allí se convirtió en un instrumento llamado *rabel*.

• A los padres

No se sabe muy bien por qué el violín se toca con un arco, pero una razón puede ser que de esa forma se puede tocar de forma continua, creando un ambiente suave y apacible. Se cree que los arcos se hacían con pelo de caballo porque había muchos caballos en la región en la que se creó el *rabab*, que es considerado por muchos el precursor del violín.

9

¿Por qué tapamos los agujeros de las flautas?

RESPUESTA Las flautas tienen varios agujeros que te permiten tocar notas graves o agudas. Cuantos más agujeros tapes, más lejos va la corriente de aire por dentro de la flauta antes de salir fuera. Esto hace que las notas sean más graves. Cuantos menos agujeros tapes, más agudas serán las notas.

La corriente de aire que creas dentro de la flauta se conoce como columna de aire.

■ Tocando la flauta

Cuando soplas dentro de una flauta, el aire sale a través de los agujeros que no están cubiertos. El tono de las notas –si son graves o agudas– depende de cuántos agujeros estén tapados.

El aire que se sopla dentro de una flauta viaja por ésta como se muestra en el diagrama de abajo.

■ Cómo cambiar la longitud de la columna de aire

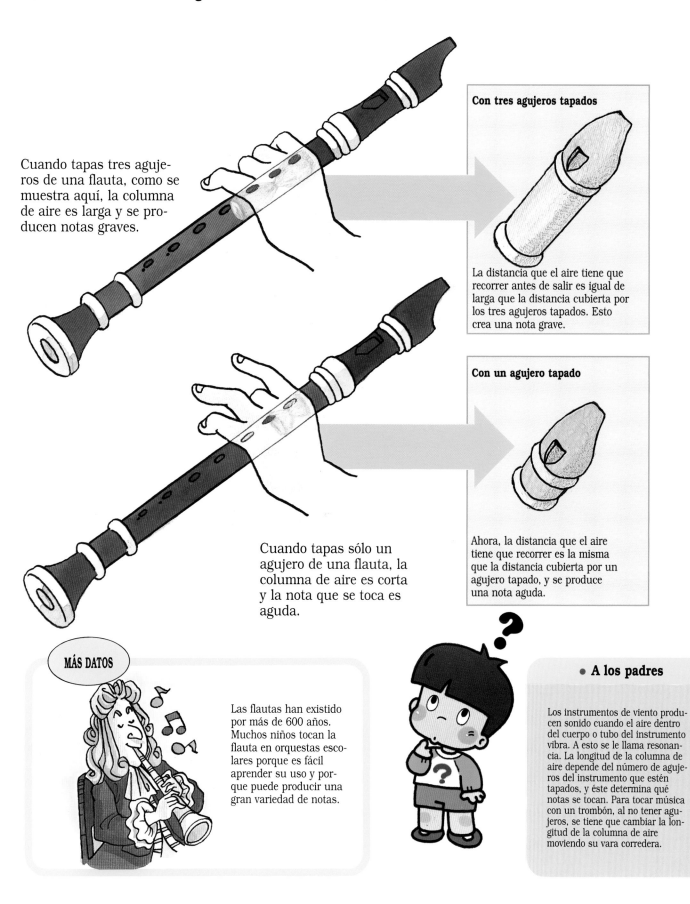

Cuando tapas tres aguje-
ros de una flauta, como se
muestra aquí, la columna
de aire es larga y se producen notas graves.

Con tres agujeros tapados

La distancia que el aire tiene que
recorrer antes de salir es igual de
larga que la distancia cubierta por
los tres agujeros tapados. Esto
crea una nota grave.

Con un agujero tapado

Ahora, la distancia que el aire
tiene que recorrer es la misma
que la distancia cubierta por un
agujero tapado, y se produce
una nota aguda.

Cuando tapas sólo un
agujero de una flauta, la
columna de aire es corta
y la nota que se toca es
aguda.

MÁS DATOS

Las flautas han existido
por más de 600 años.
Muchos niños tocan la
flauta en orquestas esco-
lares porque es fácil
aprender su uso y por-
que puede producir una
gran variedad de notas.

• **A los padres**

Los instrumentos de viento producen sonido cuando el aire dentro
del cuerpo o tubo del instrumento
vibra. A esto se le llama resonancia. La longitud de la columna de
aire depende del número de agujeros del instrumento que estén
tapados, y éste determina qué
notas se tocan. Para tocar música
con un trombón, al no tener agujeros, se tiene que cambiar la longitud de la columna de aire
moviendo su vara corredera.

¿Hay alguna relación entre los pianos y las guitarras?

RESPUESTA Aunque parece que es el teclado el que produce las notas en un piano, en realidad éstas se producen cuando unos macillos que están conectados a las teclas golpean, o hieren, unas cuerdas en el interior del piano. Ya que tanto los pianos como las guitarras tienen cuerdas, podemos decir que hay cierta relación entre ellos.

■ Historia del piano

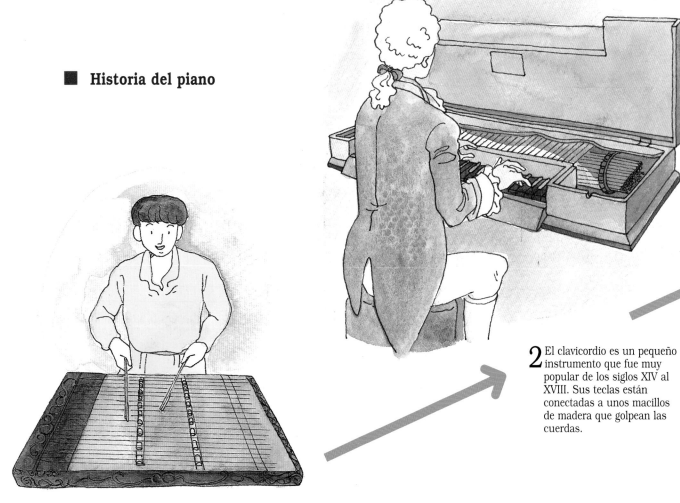

1 Este instrumento, que se usó por primera vez en Europa en el siglo XV, produce notas cuando sus cuerdas son golpeadas con unos palos de madera.

2 El clavicordio es un pequeño instrumento que fue muy popular de los siglos XIV al XVIII. Sus teclas están conectadas a unos macillos de madera que golpean las cuerdas.

12

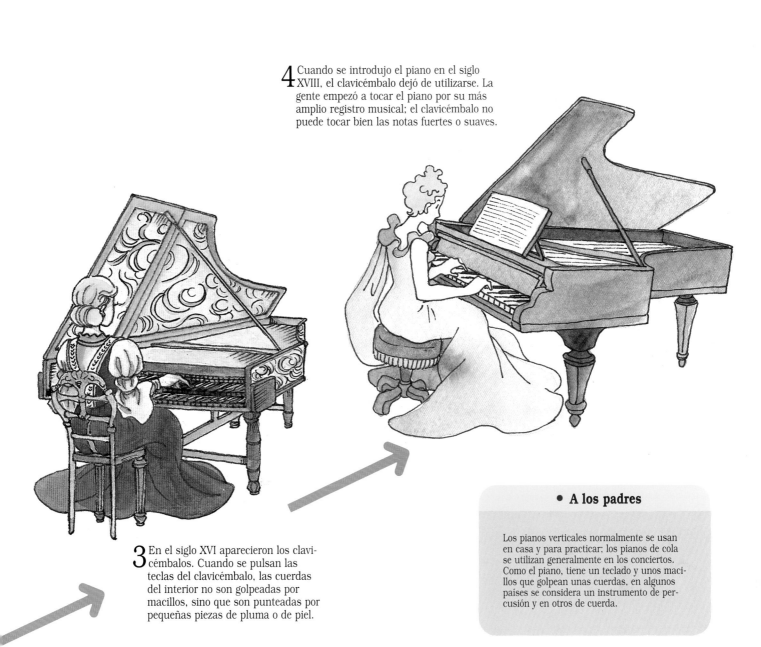

4 Cuando se introdujo el piano en el siglo XVIII, el clavicémbalo dejó de utilizarse. La gente empezó a tocar el piano por su más amplio registro musical; el clavicémbalo no puede tocar bien las notas fuertes o suaves.

3 En el siglo XVI aparecieron los clavicémbalos. Cuando se pulsan las teclas del clavicémbalo, las cuerdas del interior no son golpeadas por macillos, sino que son punteadas por pequeñas piezas de pluma o de piel.

• A los padres

Los pianos verticales normalmente se usan en casa y para practicar; los pianos de cola se utilizan generalmente en los conciertos. Como el piano, tiene un teclado y unos macillos que golpean unas cuerdas, en algunos países se considera un instrumento de percusión y en otros de cuerda.

■ **Cómo se produce el sonido en el clavicémbalo y en el piano**

Cuerda

Cuerda

▲ El clavicémbalo produce sonidos cuando sus cuerdas son punteadas por diminutas púas de pluma o de piel. A causa de que no puede tocar las notas suaves o fuertes demasiado bien, no tiene un registro musical muy amplio. Por lo tanto, no es muy adecuado para formar parte de una orquesta.

▲ Un piano produce sonidos cuando sus cuerdas son golpeadas por unos macillos. El piano tocará notas suaves o fuertes dependiendo de lo fuerte que se pulsen sus teclas. Esto significa que tiene un amplio registro musical y que puede ser tocado solo y como parte de una orquesta.

¿Por qué algunas trompas tienen tantas curvas?

(RESPUESTA) La mayoría de instrumentos musicales de cobre, como las trompas, son instrumentos de viento. Las trompas que tienen el tubo largo pueden producir una variedad más grande de sonidos que las trompas que tienen el tubo corto, pero no son fáciles de manejar. Por eso muchas trompas tienen forma curvada. Esto hace que el tubo quepa en un espacio pequeño, y que sean más fáciles de llevar. Los tubos de algunas trompas tienen forma circular.

■ **Historia de las trompas**

Más adelante, las trompas se hicieron más y más largas, como la trompa de los Alpes *(arriba).* Cuanto más larga es una trompa más notas puede producir, pero más difícil es de manejar.

Las primeras trompas estaban hechas con cuernos de animales. Los pastores las utilizaron tiempo atrás para llamar al ganado. También las utilizaban cazadores y vigilantes.

Para que fuesen más fáciles de manejar, a las trompas largas se les dio una forma curvada. Además, para que fuesen más fáciles de tocar, se les puso una boquilla tubular. Pero había un límite en lo que la boquilla podía hacer y en lo curvada que podía ser la trompa. Por lo tanto, se desarrollaron otras piezas que se pudieran poner y quitar de la boquilla, para proporcionar a la trompa un registro musical más amplio.

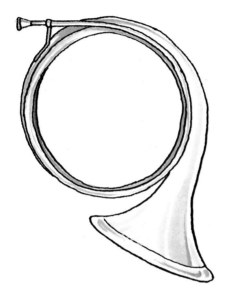

Más tarde se añadieron pistones a las trompas, por lo que las piezas reemplazables ya no eran necesarias. Al apretar los pistones, aumenta la longitud de tubo que el aire debe recorrer, y de esa forma se pueden tocar diferentes notas. En la actualidad, la mayoría de trompas llevan pistones.

■ Las trompas y las mariposas

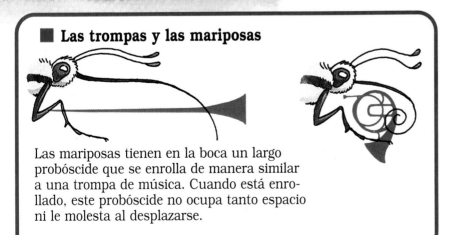

Las mariposas tienen en la boca un largo probóscide que se enrolla de manera similar a una trompa de música. Cuando está enrollado, este probóscide no ocupa tanto espacio ni le molesta al desplazarse.

¿Cómo pueden los pies tocar música?

RESPUESTA El órgano de tubos produce música a partir del aire que recorre sus tubos, de una manera parecida a cómo lo hace el aire en el interior de una flauta. El órgano se toca con las manos en el teclado y con los pies en los pedales, que a menudo son llamados el teclado para los pies. Los pianos también tienen pedales; cuando éstos se pisan, el sonido de las notas varía.

▼ Cada una de las teclas de un órgano está conectada a un tubo. Cuando se aprieta una tecla, una bomba o fuelle envía aire a través del tubo. Este aire vibra dentro del tubo y se crea el sonido.

Un órgano eléctrico, como el de arriba, transforma la electricidad en sonido, así que no necesita tubos ni fuelles. Sin embargo, tiene más de un teclado y muchos pedales, por lo que, para tocar un órgano electrónico, también se tienen que utilizar los pies.

Entonces, ¿por qué se usan los pies?

Debido a que los órganos de tubos pueden producir una cantidad tan amplia de notas, éstos tienen más de un teclado y muchos registros y pedales. Los registros son unas piezas movibles que permiten que grupos de tubos produzcan sonidos a la vez. Para tocar la gama entera de notas, se utilizan las manos para las teclas y los registros, y los pies para los pedales.

■ El registro musical de diferentes instrumentos

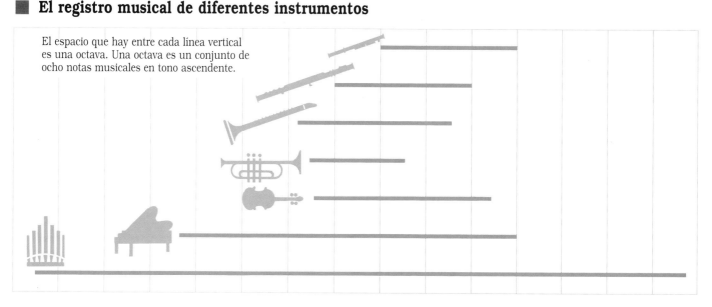

El espacio que hay entre cada línea vertical es una octava. Una octava es un conjunto de ocho notas musicales en tono ascendente.

Los instrumentos pueden producir registros diferentes de sonidos. Gracias a sus muchos pedales, el órgano es el instrumento que tiene el mayor registro musical, desde sonidos muy agudos hasta muy graves.

● A los padres

Los tubos de un órgano están situados encima de una caja de viento que recibe aire de un fuelle. Al tirar de los registros suenan diferentes hileras de tubos. Cuando se tira de un registro y se aprieta una tecla o un pedal, se insufla aire de la caja de viento al tubo correspondiente. Las notas se producen cuando el aire es inyectado por la boca del tubo. Algunos órganos tienen más de 10.000 tubos y pueden tocar una música de una gran fuerza y de una amplia variedad tonal.

¿Para qué abrimos y cerramos el fuelle del acordeón?

RESPUESTA En la parte interior de las cajas laterales de un acordeón hay unas tiras finas de metal llamadas lengüetas. Cuando abrimos y cerramos el fuelle del acordeón, el aire que entra y sale hace que las lengüetas vibren y produzcan sonidos. Los acordeones tienen un teclado para tocar la melodía y botones para tocar los acordes (tres o más notas que se tocan a la vez).

◼ Tocando el acordeón

Cuando tocas un acordeón, lo sostienes sobre tu pecho. Para que se aguante, hay unas correas que se colocan por encima de tus hombros. El fuelle, que tienes que abrir y cerrar para que entre y salga aire del interior, controla también el volumen.

■ Armónica

La armónica es otro instrumento que produce sonidos cuando el aire que corre por su interior hace que unas lengüetas vibren. La armónica no tiene fuelle, se toca soplando y aspirando el aire.

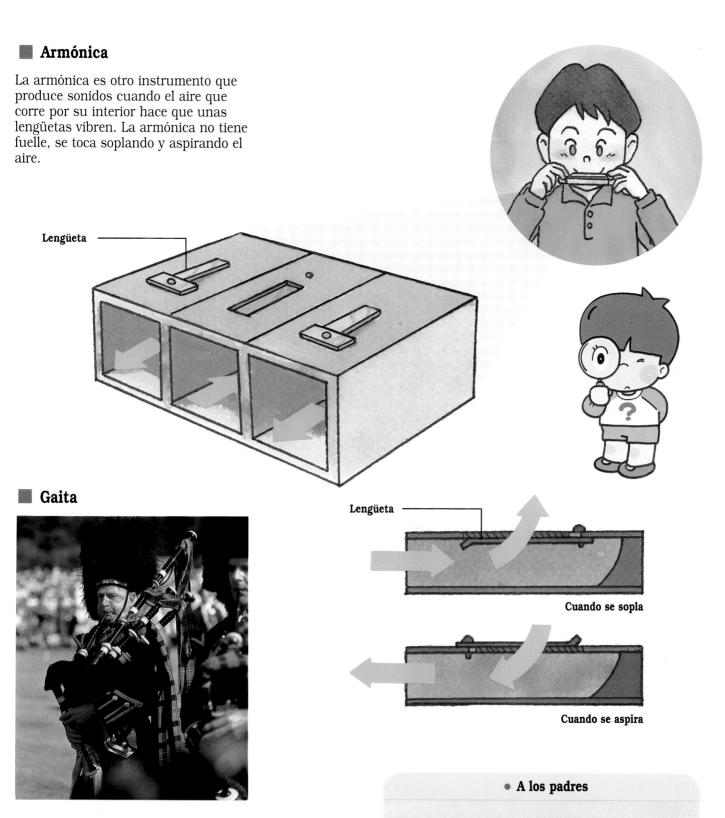

Lengüeta

Lengüeta

Cuando se sopla

Cuando se aspira

■ Gaita

Mucha gente se piensa que la gaita se toca únicamente en Escocia, pero también se toca en otras partes de Europa, como en Galicia. Las gaitas tienen dos o más tubos conectados a un fuelle de piel. Por un tubo se introduce el aire en el fuelle; por otro, en el que se tapan los agujeros, se producen las notas; y, en otro, se produce un sonido continuo que forma el bajo del instrumento.

● A los padres

En el acordeón, la mano derecha toca la melodía, mientras que la izquierda hace funcionar el fuelle y, con los dedos en los botones, toca los acordes. El número de botones oscila entre los 24 y los 140, aunque lo normal es que tenga 120. Las hileras laterales controlan los acordes bajos y los altos. A ambos lados de este instrumento hay unas lengüetas que vibran con el aire. El mover el fuelle no es sólo un movimiento mecánico. La manera en que se abre y cierra altera los sonidos que el instrumento produce, y esto afecta a la melodía.

¿Cómo podemos tocar melodías en un xilófono?

RESPUESTA Un xilófono se compone de gruesas barras de madera de diferente longitud fijadas encima de un armazón. Estas barras están colocadas en orden según su tamaño. Cuando son golpeadas, sus vibraciones producen notas graves o agudas dependiendo de su longitud. Al golpear diferentes barras, puedes hacer melodías.

■ Tocando el xilófono

Para tocar una melodía con un xilófono, se golpean las barras con unos palos que tienen las puntas redondas de madera, plástico o goma dura.

▲ Cuando se golpea una barra corta, se produce una nota aguda.

▶ Cuando se golpea una barra larga, se produce una nota grave.

■ Otros instrumentos de percusión

La campanilla sólo toca una nota. Por lo tanto, para tocar una melodía se necesitan varias campanillas diferentes.

Algunos de los instrumentos de percusión de arriba están relacionados con el xilófono. Todos ellos producen notas graves y agudas. Son de Indonesia y se utilizan para tocar música tradicional indonesia.

■ Instrumentos de una nota

Al igual que las campanillas, los tres instrumentos de percusión que se muestran aquí sólo pueden producir una sola nota cada uno. Por sí solos no pueden hacer ninguna melodía.

Pandereta

Platillos

Castañuelas

● A los padres

Los xilófonos tienen a menudo unos tubos de resonancia debajo de sus barras para reforzar los sonidos y realzar el tono. Las barras largas vibran lentamente y producen notas graves; las barras cortas vibran rápidamente y producen notas agudas. Entre los instrumentos de percusión hay dos tambores cuyo tono se puede cambiar: los timbales y el *tsuzumi*, un pequeño tambor japonés. Si se tensa la piel de estos tambores, producen un sonido agudo, y si se afloja, un sonido grave. En los timbales, esto se hace con unos tornillos, y en el *tsuzumi* con unas pequeñas cuerdas que sujetan la piel al tambor.

¿Cómo se puede hacer música rasgueando unas cuerdas?

RESPUESTA Los instrumentos que producen música con sus cuerdas se llaman instrumentos de cuerda. Las notas que pueden producir varían dependiendo de la longitud, el grosor y la tensión de sus cuerdas. Al puntear o rasguear diferentes cuerdas se producen diferentes notas, y de esa forma se tocan melodías. En los violines y en los violonchelos las notas se tocan pasando un arco por sus cuerdas.

▼ El arpa es un instrumento de cuerda que normalmente tiene 47 cuerdas. Cada una toca una nota distinta.

■ Arpa

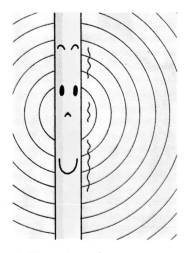

Cada cuerda del arpa tiene un grosor y una longitud diferentes. Las que están más cerca del arpista son más cortas y más delgadas. Cuando el arpista las rasguea, producen notas agudas. Las que están más lejos son más largas y producen notas graves.

▲ Una nota aguda

▲ Una nota grave

▲ Una nota mediana

Guitarra

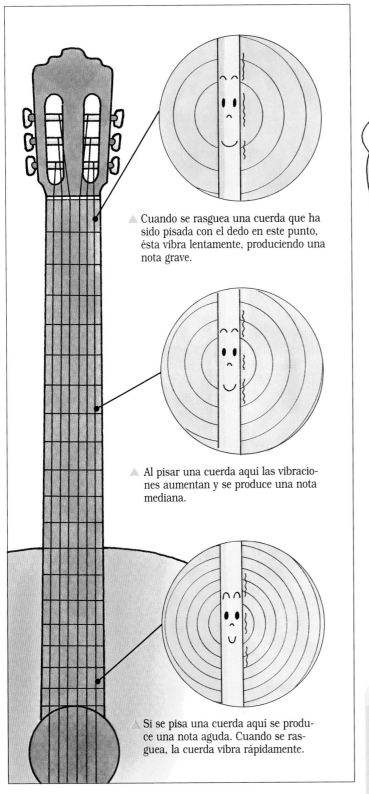

▲ Cuando se rasguea una cuerda que ha sido pisada con el dedo en este punto, ésta vibra lentamente, produciendo una nota grave.

▲ Al pisar una cuerda aquí las vibraciones aumentan y se produce una nota mediana.

▲ Si se pisa una cuerda aquí se produce una nota aguda. Cuando se rasguea, la cuerda vibra rápidamente.

▲ Una guitarra tiene normalmente seis cuerdas. Se toca rasgueando las cuerdas con el pulgar de una mano a la vez que se usan los dedos de la otra para pisar las cuerdas por varios puntos.

● A los padres

El que una cuerda vibre rápida o lentamente determina la clase de sonido que ésta genera, mientras que al pisarla se producen diferentes notas: los tonos de un arpa pueden aumentar o disminuir media nota gracias al pedal de pie; el sonido de la guitarra se puede variar usando un dedo para pisar las cuerdas en diferentes puntos del mástil o ajustando la tensión de las cuerdas con las clavijas afinadoras que hay en la parte superior de éste. El arpa ya se tocaba en el año 3000 a.C. en Egipto y en Mesopotamia, mientras que se cree que el origen de la guitarra se remonta a principios del siglo XV, en España.

¿Qué instrumentos musicales utilizan electricidad para producir sonidos?

RESPUESTA Los instrumentos musicales normalmente generan sonidos al hacer que el aire vibre, pero algunos de ellos producen sonidos usando electricidad en lugar de aire. Dos instrumentos electrónicos populares son la guitarra eléctrica y el piano eléctrico.

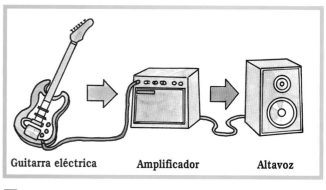

Guitarra eléctrica   Amplificador   Altavoz

■ Cómo funcionan las guitarras eléctricas

En una guitarra eléctrica los sonidos también provienen de las vibraciones de las cuerdas. Pero, a diferencia de una guitarra normal, la caja de la guitarra eléctrica no amplifica los sonidos. En lugar de esto, las vibraciones de las cuerdas son enviadas como señales eléctricas a un amplificador. El amplificador hace que estas señales sean más fuertes y las envía a un altavoz. El altavoz transforma las señales en sonidos y los transmite al exterior.

■ Dos instrumentos electrónicos

▲ Guitarra eléctrica

▲ Batería eléctrica

■ Cómo producen sonidos los instrumentos musicales electrónicos

En el interior de los instrumentos electrónicos hay unas piezas diminutas llamadas transistores. Cuando se toca un instrumento electrónico, estos transistores producen señales eléctricas. Los altavoces convierten estas señales en sonidos que podemos oír.

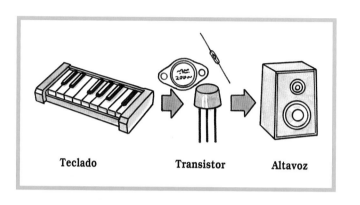

Teclado　　　**Transistor**　　　**Altavoz**

■ Sintetizador

El sintetizador tiene un aspecto parecido a un órgano eléctrico, pero en realidad es diferente. Utiliza la electricidad para hacer música, y puede reproducir el sonido de cualquier instrumento. Incluso puede sonar como una orquesta a la vez.

▲ Piano eléctrico

▲ Teclado a inalámbrico

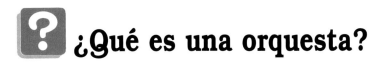

¿Qué es una orquesta?

RESPUESTA Cuando se juntan instrumentos de percusión, de cuerda y de viento para tocar música, se les llama una orquesta. En la antigua Grecia, se formaban coros de muchas personas para cantar y bailar mientras se estaban representando obras teatrales. El lugar en el que hacían esto se llamaba orquesta, y de allí obtuvo la orquesta su nombre.

■ Una orquesta

Una orquesta está compuesta de todas las diferentes clases de instrumentos musicales. Debido a que los instrumentos de cuerda suenan de forma muy parecida a gente cantando, ocupan un lugar muy importante en la orquesta.

■ Desarrollo de la orquesta

◁ La música era muy importante en la antigua Grecia. Durante las fiestas de primavera, que los griegos tomaban muy en serio, la gente marchaba por las calles tocando instrumentos musicales. Esa fue probablemente la primera vez que varios músicos se juntaron para tocar en grupo.

▷ Cuando la ópera se puso de moda en la Europa del siglo XVII, se creó una especie de foso entre el escenario y el auditorio. Las personas que tocaban la música para los cantantes se sentaban allí, y así es como ese lugar se llegó a conocer como el foso de la orquesta.

▽ La disposición de lo que hoy conocemos como orquesta fue creada en el siglo XIX por el compositor austriaco Joseph Haydn.

● A los padres

Una orquesta consiste en instrumentos de cuerda apoyados por los de percusión y los de viento. Los instrumentos de cuerda, al producir un registro de notas similar al de la voz humana, componen la sección más numerosa de la orquesta. El número de instrumentos varía según la pieza de música que se toque y la preferencia del director, pero una orquesta sinfónica completa puede tener más de 100 músicos.

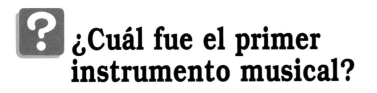

¿Cuál fue el primer instrumento musical?

RESPUESTA En tiempos primitivos, la gente golpeaba árboles y otros objetos para hacer señales mientras cazaba o para expresar alegría o tristeza. Podemos decir que ése fue el principio de los instrumentos musicales.

▷ Desde sus primeros días, los seres humanos han exteriorizado su alegría mediante dar palmadas con las manos o golpear el suelo con los pies.

■ Los primeros instrumentos de percusión

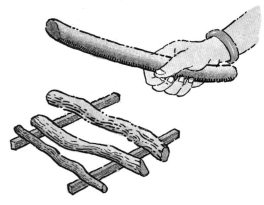

▲ Se dice que el origen de las castañuelas está en un instrumento del antiguo Egipto que estaba hecho de madera o de marfil. Los griegos lo llamaron *krotala*.

▲ El precursor de la pandereta estaba hecho con una piel tensada sobre una estructura de madera.

▲ El primer antepasado del xilófono consistía en una serie de palos alineados que eran golpeados con otro palo.

Los primeros instrumentos de cuerda

▲ Cuando los primeros cazadores mataban a un animal, seguramente hacían vibrar las cuerdas de sus arcos para celebrarlo.

▲ En la época de los antiguos griegos, los arcos se habían convertido en un instrumento musical: la lira.

Los primeros instrumentos de viento

Los instrumentos de viento han estado entre nosotros durante tanto tiempo como los de percusión. Estaban hechos con caracolas, cuernos de animales y cañas.

Trompa hecha con una caracola

Cuerno de vaca

Flauta hecha con una caña

El origen de los órganos

La zampoña es un tipo de flauta que está hecha con una serie de tubos de caña de diferente longitud que han sido pegados uno al lado de otro por orden de tamaño. Se cree que la zampoña dio origen al órgano de tubos.

• A los padres

Los instrumentos musicales más antiguos se golpeaban, punteaban o rasgueaban. Los instrumentos de percusión más refinados y los de viento que se hacían con cañas también datan de un pasado muy lejano. Sin embargo, estos instrumentos musicales han formado parte de la vida de los humanos durante tanto tiempo que no se tiene un registro claro de sus orígenes, y su historia antes de la antigua Grecia es a menudo oscura.

¿Qué es una banda de *rock*?

RESPUESTA *Rock and roll* (o *rock'n'roll*, o simplemente *rock*) es el nombre con el que se conoce a una clase de música que apareció en Estados Unidos en la década de 1950. Sus principales instrumentos son la guitarra, el bajo y la batería. Una banda de *rock* es un grupo que toca *rock'n'roll*.

Estos son los instrumentos que se utilizan habitualmente en una banda de *rock*. Puesto que son sólo tres, la banda debe tener, como mínimo, tres componentes, pero normalmente tiene más.

Leyendas del rock

Un norteamericano, Chuck Berry, fue uno de los primeros artistas de *rock* que fue famoso. La estrella norteamericana más grande fue Elvis Presley, que alrededor de 1954 era conocido mundialmente. Cuatro jóvenes británicos llamados *The Beatles* hicieron del *rock'n'roll* una locura de alcance mundial en los años 1960.

Elvis Presley

Chuck Berry

Música que condujo al *rock*

▲ **Música *country*.** Fue tocada y cantada por primera vez por norteamericanos de raza blanca.

▲ ***Rhythm and blues*.** Fue tocado y cantado por primera vez por norteamericanos de raza negra.

▼ *The Beatles* (de izquierda a derecha): George Harrison, John Lennon, Ringo Starr y Paul McCartney

● A los padres

El *rock'n'roll* se originó en Estados Unidos en los años 1950 y rápidamente se hizo muy popular, a pesar de que a mucha gente no le gustaba porque, comparado con la música anterior, era frenético e incluía temas provocativos. Otros derivados, entre ellos el *punk rock* y el *hard rock*, aparecieron décadas más tarde. Los temas del *rock'n'roll* cambian con el paso del tiempo; a principios de década de 1960 recibió el apoyo entusiasta de la juventud porque satirizaba la situación del mundo.

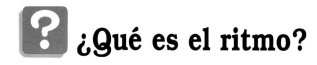

¿Qué es el ritmo?

RESPUESTA Toda música tiene un ritmo. Éste es un modelo o secuencia determinada de sonidos fuertes y débiles que se repite de forma regular. Prueba de dar palmadas con tus manos al mismo tiempo que sigues una canción que conozcas bien para saber qué clase de ritmo tiene.

■ **El ritmo de los sonidos fuertes y débiles**

Canta una canción que sepas y da palmadas con tus manos o golpea con el pie en el suelo para encontrar su ritmo. Fíjate en dónde el sonido es fuerte o débil, o cuándo es rápido y cuándo es lento.

■ **Intenta descubrir el ritmo de una melodía**

¿Y qué es una melodía?

Una melodía es la manera en que las notas agudas, graves, breves y largas se combinan entre ellas para formar una secuencia musical armónica. Cuando se toca música, la melodía es lo más importante.

①

■ Vamos a hacer un instrumento melódico

1 Coloca ocho vasos iguales uno al lado del otro.

2 Añade agua a uno de ellos hasta que produzca la misma nota que una de las teclas de un piano. Puedes hacerlo sonar dándole golpecitos con una cuchara.

3 Entonces añade agua al siguiente vaso hasta que suene la siguiente nota ascendente del piano. Haz lo mismo con los otros vasos hasta conseguir una escala de sonidos de graves a agudos. Ahora ya puedes tocar una melodía.

②

③

● A los padres

El ritmo le da regularidad a la música. Éste no sólo se refiere a la repetición de sonidos fuertes y débiles, sino que también incluye los sonidos graves y agudos. Ya que es difícil describir el ritmo de una forma que sea fácil de entender para los niños, lo mejor sería hacerles usar las manos o un metrónomo para descubrir los sonidos fuertes, débiles, graves y agudos de una canción que conozcan.

¿Qué es lo que hace un director de orquesta?

RESPUESTA El director de una orquesta se asegura de que los músicos toquen correctamente. Lo que hace es indicar con la batuta a qué velocidad, o *tempo,* deben tocar, y también para darle sentimiento a la melodía.

■ Cómo dirige un director de orquesta

Cuando está al mando de la orquesta, el director mueve su batuta para marcar el ritmo de la música. Aunque hay una forma estándar de hacer esto, el que los músicos toquen más rápido, más lento, más alto o más suave depende de cada director.

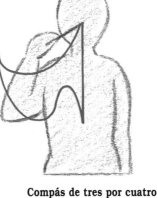

Compás de tres por cuatro

Compás de cuatro por cuatro

34

Historia de la dirección de orquesta

En el antiguo Egipto había un director para cada persona que tocaba un instrumento musical.

En la Europa del siglo XVII había dos directores: uno era un músico de un instrumento de teclado y el otro se escogía de entre los músicos que tocaban instrumentos de cuerda.

A medida que los instrumentos de teclado se fueron usando cada vez menos en las orquestas, se escogía al director de entre los músicos que tocaban instrumentos de cuerda. Entonces, la persona que dirigía utilizaba un arco como batu-

Con el tiempo, el director ya no se escogía de entre los músicos de la orquesta. El director era el mismo compositor de la música que se tocaba, de forma que muchos grandes compositores también dirigían.

Más tarde, el compositor y el director fueron personas diferentes, y lo siguen siendo en la actualidad.

• A los padres

Durante la era barroca, aproximadamente del año 1600 al 1750, el papel del director fue evolucionando con el desarrollo de la orquesta. Inicialmente, la orquesta estaba bajo la dirección de dos de sus músicos: un *kapellmeister* (director de orquesta, en alemán), que dirigía los teclados, y un *concertino*, que dirigía los instrumentos de cuerda. Con el paso del tiempo, los instrumentos de teclado dejaron de formar parte de las orquestas (aunque todavía se utiliza el piano alguna que otra vez), así que el *concertino* asumió la dirección de la orquesta, usando un arco para dirigir. La batuta fue introducida durante el período romántico, que transcurrió más o menos desde 1800 a 1910. Para entonces el músico-director había sido sustituido por el compositor-director. El director que sólo dirige, interpreta la música y establece cómo debe ser expresada, se puso de moda en la segunda mitad del siglo XIX.

¿Cómo puede un instrumento sonar como una orquesta entera?

RESPUESTA Un sintetizador puede sonar como cualquier instrumento. La persona que toca el sintetizador escoge qué instrumento musical quiere que suene. Cuando se aprietan sus teclas, el sintetizador produce señales eléctricas. Entonces, estas señales son transformadas en el sonido del instrumento escogido. Un sintetizador puede incluso recordar todos los sonidos que ha tocado y volverlos a tocar. Al unir estos sonidos y tocarlos a la vez, un sintetizador puede sonar exactamente como una orquesta entera.

■ Cómo funciona

Cuando se aprieta una tecla de un sintetizador, el transistor que hay en el interior del aparato produce una señal eléctrica. Esta señal eléctrica representa el tono y el volumen de una nota producida por cierto instrumento musical. En el altavoz, la señal eléctrica es transformada en esa nota de forma audible.

Sonidos agudos

Sonidos graves

▲ Primero, un sintetizador crea los sonidos que se le ordenan cuando se pulsan las teclas.

■ Cuando se toca un sintetizador

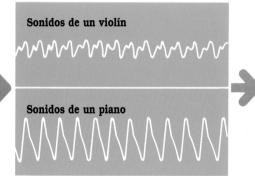

Los sintetizadores normalmente no se tocan solos, sino que se tocan dos o tres a la vez.

MÁS DATOS

■ El muestreo

El muestreo, o toma de muestras, es lo que se hace cuando ruidos tales como la voz humana o el maullido de un gato son introducidos en un instrumento mediante un micrófono. El instrumento recuerda estos ruidos y es capaz de reproducirlos. Este muestreo se efectúa muy a menudo en los sintetizadores.

Sonidos de un violín

Sonidos de un piano

Sonidos fuertes

Sonidos suaves

▲ Entonces, el sintetizador los transforma en los sonidos que produce el instrumento musical que se ha seleccionado. Los instrumentos musicales se escogen con antelación y se programan en el sintetizador.

▲ Estos sonidos son amplificados antes de pasar al altavoz, desde el cual son finalmente transmitidos.

● A los padres

Un sintetizador no puede describirse en los mismos términos de los instrumentos musicales tradicionales, ya que crea los sonidos de manera sintética. Puede reproducir los sonidos hechos por cualquier cantidad de tambores o de violines y tocarlos de forma que suenen exactamente como una orquesta. Los sintetizadores, que son una de las maravillas musicales de la era moderna, han aparecido en nuestro siglo XX, y cada vez se están desarrollando modelos más y más avanzados.

¿Qué es la partitura?

RESPUESTA La partitura es el papel en el que se escribe la música en forma de símbolos. Todo lo que necesitas saber para tocar una pieza de música correctamente (como, por ejemplo, las notas y el *tempo*) está reflejado en la partitura. La música es muy antigua, pero no siempre se ha podido escribir. Los egipcios pusieron la música por escrito hace 3.000 años, pero durante mucho tiempo las partituras sólo mostraban las notas, no los ritmos o los acordes.

▲ La música era popular en el antiguo Egipto. Aún así, no hubo partituras durante mucho tiempo. Las melodías sólo se transmitían cuando un músico se las enseñaba a otro.

■ Historia de la partitura

▲ Este manuscrito musical se escribió en Egipto hace más de 3.000 años. Es una canción que ensalza el amor.

▲ Esta hoja de música se escribió en Italia alrededor del año 800 d.C. Las líneas superiores del texto expresan subidas y bajadas de la melodía.

Esta partitura tan profusamente decorada se escribió en Alemania cerca del año 1200 d.C. Es un himno.

Alrededor del siglo XVIII la partitura ya tenía un aspecto muy parecido a la actual, aunque los símbolos estaban muy apretados para ahorrar papel. La hoja que se muestra aquí es obra de Johann Sebastian Bach, uno de los más grandes compositores.

■ La música moderna

En lo que se conoce como música moderna, la expresión de la música es muy importante. Se utilizan diagramas como el de la derecha para representar la melodía.

● A los padres

Aunque ha habido música durante miles de años, no siempre ha habido partituras que la representen. Cuando la música se hizo más complicada, la partitura se convirtió en algo imprescindible. Ésta muestra el ritmo y los acordes basándose en unas reglas establecidas, y también hay diferentes formas de representar la música de determinados instrumentos.

¿Qué es un himno nacional?

Por todo el mundo hay casi 200 países, y casi todos ellos tienen una melodía o canción que los representa. Éstas son casi siempre patrióticas y se llaman himnos nacionales. Todos estos himnos son diferentes porque cada nación ha escogido el suyo.

■ *La Marsellesa*

El himno nacional francés fue escrito por un combatiente en 1792, durante la Revolución Francesa. Era muy popular entre·los grupos revolucionarios de Marsella.

■ Yi Yong Jun Jing Xing Qu

El himno nacional chino fue escrito a principios de los años 1930, cuando China estaba luchando contra los invasores japoneses. Fue el tema de una película, y más tarde la canción fue escogida como el himno nacional de China.

■ La bandera salpicada de estrellas

El himno nacional de Estados Unidos se escribió en 1814, a punto de terminar la guerra que se había iniciado en 1812 entre Estados Unidos y Gran Bretaña. Su autor, un prisionero a bordo de un buque de guerra británico, empezó un poema mientras observaba desde cubierta cómo los británicos bombardeaban el fuerte McHenry de Baltimore, Maryland. Más tarde, se terminó el poema y se le puso música.

● A los padres

Los himnos nacionales tienen diferentes procedencias. En muchos casos son declaraciones patrióticas que fueron compuestas mientras el país estaba en guerra. Pero pueden tener otros orígenes: la antigua Unión de Repúblicas Socialistas Soviéticas escogió su himno de entre los candidatos de un concurso público; el himno nacional de la Gran Bretaña fue escrito en el siglo XVIII y ensalza la monarquía. En cambio, hay himnos que no tienen letra, como en el caso de España.

? ¿Cómo se graba la música?

RESPUESTA La música se puede oír una y otra vez si se graba en discos y cintas. En los discos, la música se graba como un surco ondulante, mientras que en las cintas se graba en forma de dibujos magnéticos. La música se graba aun de una manera diferente en los discos compactos (*compact discs*, o *CD*) para producir un sonido de alta calidad que casi no tiene ningún ruido eléctrico o silbido.

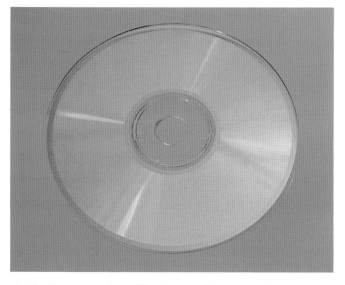

▲ Un disco compacto es diferente a un disco convencional. A pesar de su pequeño tamaño, se puede grabar mucha información en él.

■ Cómo se graban los discos compactos

▼ La fabricación de un disco compacto empieza cuando se recoge lo que se está tocando con un micrófono, tal como se hace con los discos normales.

▲ Los sonidos son grabados en los discos normales en forma de ondulaciones, como la que ves aquí. Cuando pones un disco, la aguja se mueve por encima de las ondulaciones que hay en el interior del surco. El movimiento de subida y bajada de la aguja es transformado en ondas de sonido que podemos oír.

Estos sonidos son grabados en un disco compacto en forma de millones de diminutos agujeritos, como los que se muestran aquí.

En un disco compacto, los sonidos no se graban como ondulaciones, sino como agujeros diminutos. Primero, cada parte de la onda de sonido es dividida en una serie de barras, como las que ves arriba.

Después, estas barras se graban en el disco compacto en forma de pequeños agujeritos. Estos agujeritos forman un código de la onda de sonido, como se muestra aquí. Cuando se pone un disco compacto, un rayo láser lee el código detectando dónde están los agujeros, y transforma lo que lee en sonido.

? ¿De dónde saca la pintura su color?

RESPUESTA Para hacer los muchos colores con los que se fabrican las pinturas se utilizan todo tipo de materiales, como tierra, piedras, hierba e incluso partes de animales, aunque últimamente la mayoría de colores se obtienen del petróleo.

■ **Cosas que se han utilizado para hacer pinturas de color**

Metales. Muchos colores se sacan de metales, como el plomo y el cadmio.

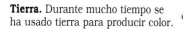

Tierra. Durante mucho tiempo se ha usado tierra para producir color.

Animales. La tinta del calamar, los huesos y cuernos de algunos animales son otras cosas que se han utilizado para hacer colores.

Plantas. El jugo, las flores, las hojas y las raíces de los árboles se han usado para hacer muchos colores. El jugo de las flores y las raíces de algunas hierbas también se han utilizado como tintes para hacer colores.

■ De qué están hechos algunos colores

▲ **Rojo.** Un metal llamado cadmio es el que se utiliza para hacer el color rojo.

▲ **Naranja.** El cadmio, el cromo y el plomo se usan para producir el naranja.

▲ **Amarillo.** El cadmio, el cromo y el plomo también se usan para hacer el amarillo.

▲ **Verde.** Los ingredientes del verde son el cadmio, el cromo y el cobalto, pero también hay otros.

▲ **Azul.** Los principales ingredientes del azul son cromo y un tinte sacado del espino cerval.

▲ **Marrón.** Tierra y tinta de calamar son los ingredientes principales del marrón.

▲ **Negro.** Para hacer el negro se usan ciertas plantas y hollín natural.

▲ **Blanco.** El plomo, el cinc y el titanio se usan para producir el color blanco.

● A los padres

Los pigmentos para hacer los colores que se muestran aquí se han usado para producir óleos desde tiempo antiguo. Algunos de ellos son caros o venenosos. En la actualidad, la mayoría de pigmentos, incluso los que se usan en las pinturas para niños, son sintéticos.

¿Qué puedes usar para dibujar y pintar?

RESPUESTA Normalmente se utilizan lápices, acuarelas, rotuladores y pinturas de cera para hacer dibujos y colorearlos. Pero no necesariamente tienes que pintar un dibujo con un pincel; puedes usar tus dedos o un simple palo. Puedes escoger el material que quieras. Los dibujos de abajo muestran las mismas plantas, pero pintadas con materiales diferentes.

■ Lápices de color

▲ Con un lápiz de color quizás se tienen que trazar muchas líneas, pero si lo haces bien te saldrá un dibujo bastante detallado y natural.

■ Acuarelas

▲ Mediante la variación de la cantidad de agua que uses con las acuarelas, puedes pintar un dibujo con tonos que pueden ir de casi transparentes a espesos.

■ Pinturas de cera

▲ Con las pinturas de cera puedes hacer un dibujo muy brillante y lleno de color.

■ Rotuladores

▲ Los rotuladores hacen que el conseguir bonitos dibujos sea algo fácil.

■ Los pinceles

Hay muchas clases de pinceles. Algunos son buenos para hacer trabajos detallados, y otros para pintar grandes espacios. Para pintar con acuarela y al óleo se utilizan diferentes tipos de pinceles.

■ Mezcla de materiales

▲ Si se añade color con pinturas de cera a una dibujo hecha con témperas, se crea un efecto interesante.

▲ Repasa los contornos de las cosas con un rotulador. Observa cómo estas líneas cambian cuando coloreas su interior con acuarelas.

• A los padres

Cuando los niños están pintando o dibujando, escogen de forma natural el tema que quieren y los materiales y colores que más les gustan. Si los adultos dan a los niños demasiados consejos sobre cómo pintar, pueden provocar que éstos dejen de hacer dibujos de forma espontánea e incluso que ya no les guste la pintura. El dibujo es importante para desarrollar la creatividad, y los adultos deben permitir que los niños se expresen libremente y que usen los materiales que quieran.

¿Qué clases de cerámica existen?

RESPUESTA La cerámica se hace cociendo arcilla en un horno. Las diferentes clases de cerámica que existen son: la alfarería, hecha de arcilla corriente o de arcilla de alfarero (figulina) cocida; el gres, hecho con arcilla de alfarero cocida a una temperatura muy alta; y la porcelana, hecha de caolín, que primero es vidriado y después cocido.

▲ Una marmita de barro antigua

El gres

El gres se hace con arcilla de alfarero cocida a una temperatura mucho más alta que la arcilla que se usa para hacer alfarería. Durante la cocción se puede utilizar madera, ceniza o humo para crear interesantes dibujos, como se hace en una clase de gres japonés muy apreciado llamado *bizen.*

▲ *Bizen* **japonés**

La alfarería

En tiempos antiguos se producían enormes cantidades de alfarería. Sencillamente moldeaban arcilla corriente, dándole forma de plato o de recipiente, y dejaban que se secara con el sol. En la actualidad, para hacer alfarería se utiliza arcilla de alfarero (o figulina) cocida, ya sea vidriada o sin vidriar.

▲ **Un recipiente de barro de hace 2.000 años**

▲ Plato de porcelana decorado

■ La porcelana

La porcelana está hecha de caolín vidriado y cocido. Es muy resistente porque se cuece a 1.300–1.500 °C. Esta temperatura es mucho más alta que la que se usa para hacer gres.

▲ Esta pieza de cerámica vidriada está decorada con diseños y dibujos.

▲ Jarra de porcelana

▲ Esta vasija es un ejemplo de la cerámica con figuras de color negro de la antigua Grecia. El dibujo se hacía con pigmento negro antes de que la vasija fuera vidriada y cocida.

● A los padres

La cerámica más antigua, la alfarería, se hizo por primera vez hace 9.000 años, durante el Neolítico; el origen del gres se remonta aproximadamente al año 1400 a.C. en China. La alfarería de tiempos antiguos consistía en cerámica sin vidriar hecha de arcilla corriente, pero hoy en día se elabora con arcilla de alfarero (o figulina) que se cuece vidriada o sin vidriar. La porcelana, hecha de caolín, se produjo en China en el siglo IX. Los europeos no descubrieron el arte de la elaboración de este tipo de cerámica hasta el siglo XVIII, pero desde entonces se ha producido en Europa una gran cantidad de excelente cerámica.

❓ ¿Por qué se tiene que cocer la cerámica en un horno?

RESPUESTA La arcilla se endurece si se deja secar al sol, pero se ablanda de nuevo si entra en contacto con el agua. Ésa es la razón por la cual la cerámica se cuece en un horno especial a una temperatura muy alta. El intenso calor hace que la arcilla se endurezca tanto que nunca más se vuelva a ablandar.

▲ Esta vivienda india de América del Norte está construida con ladrillos de arcilla. Los ladrillos se han estado haciendo de arcilla desde hace 6.000 años.

■ Cómo se hace la cerámica

1 Primero se amasa la arcilla para quitarle el aire. Se le añade agua para ablandarla y entonces se le da forma.

2 Una vez los objetos ya tienen la forma deseada, se deja que se sequen y endurezcan.

3 Entonces son cocidos en un horno a 700-800 °C. De esta cocción resulta la cerámica sin vidriar.

4 Cuando ya se ha efectuado esta primera cocción, se baña la cerámica en un vidriado.

5 Entonces, se deja que las piezas de cerámica se sequen.

6 Una nueva cocción, con el horno a 1.200-1.300 °C, es el paso final.

◼ Una cocción sencilla

Se le da forma a la arcilla con las manos.

Se deja que las piezas se sequen lentamente.

▷ Se cava un hoyo en el suelo de unos 20 centímetros de profundidad y se cubre su fondo con piedras. Se ponen las piezas dentro del hoyo y se prepara un fuego encima de ellas. Este proceso se conoce como cocción al aire libre.

◼ Dando forma a la arcilla

Una de las maneras de darle forma a la arcilla es haciendo con ella tiras del grosor de un dedo. Haz una base redonda de arcilla y entonces, empezando por la base, enrolla hacia arriba las tiras en forma circular hasta terminar el objeto.

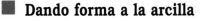

▲ Los espacios entre salchicha y salchicha se alisan con la mano hasta que desaparecen.

Otra manera consiste en aplanar la arcilla hasta hacer con ella una lámina y entonces enrollarla dándole forma de tubo.

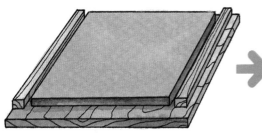

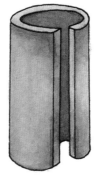

▲ La lámina de arcilla se aplana encima de una tabla.

◼ Cómo pegar el asa

Añade agua a un poco de arcilla para hacer una pasta. Utiliza un pincel para pintar con agua los puntos del objeto de arcilla en los que se colocará el asa. Entonces pega el asa de arcilla en el objeto.

❓ ¿Qué es un colage?

RESPUESTA Un colage (del francés, *collage)* es el nombre que se le da a una forma de arte en la que trozos de diferentes materiales –como recortes de fotografías, trozos de papel o pedazos de tela– se pegan sobre una superficie. Tú mismo puedes recoger diferentes materiales y hacer tu propio colage.

Tela

Recorte de
un periódico

Fotografía

Dibujo

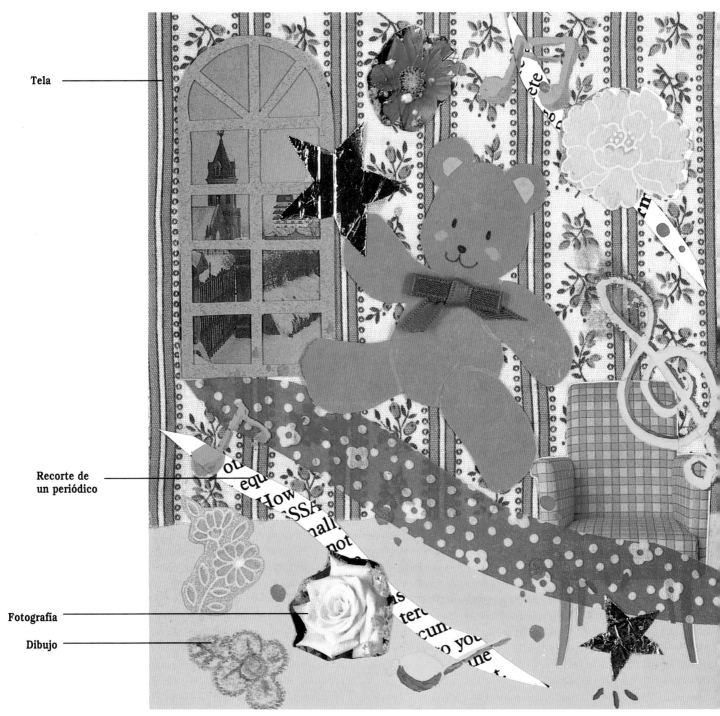

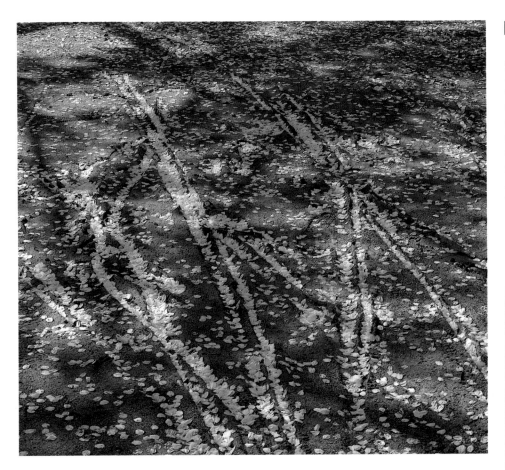

Arte en las calles

Algunas veces encontramos hojas o pétalos en el suelo de las calles del lugar en que vivimos. Éstos producen el mismo efecto que un colage. En momentos como esos puede que nos sintamos como si estuviéramos andando por calles que son totalmente diferentes a las que conocemos tan bien.

● A los padres

El término colage tiene su origen en el término francés *collage*, que significa "pegar". Un colage se crea pegando materiales de diversas procedencias y añadiendo trazos y color para producir una creación totalmente nueva. Tanto Georges Braque como Pablo Picasso sobresalieron en esta forma de arte. Mediante la utilización de trozos de materiales para producir composiciones, demostraron que los colages pueden ser igual de expresivos que los cuadros hechos con pincel.

▼ El colage de un artista:
Postcard Mural 5 (Postal mural), de John Laudenslager

Postcard Mural V

Laudenslager 1986

¿Se pueden hacer dibujos usando solamente puntos?

(RESPUESTA) Si dibujas muchos puntos con mucha separación entre ellos, son puntos y nada más. Pero si los pones muy juntos, se convierten en líneas y áreas compactas. Si dibujas una gran cantidad de puntos de diferentes colores en un trozo de papel y entonces lo miras de lejos, parece que los puntos se mezclen y formen un solo color. El usar puntos de esta forma para hacer dibujos se llama puntillismo.

■ Un cuadro pintado con puntos

Este cuadro, hecho con muchos puntos muy juntos, fue pintado por Georges Seurat (1859-1891), un artista francés. Al mezclar hábilmente puntos rojos, azules, amarillos y negros, creó la impresión de otros colores.

▲ *Un domingo de verano en la Grande Jatte,* de Georges Seurat

■ Igual que la televisión

La televisión utiliza puntos de color rojo, azul y verde para crear todos los colores que existen. A pesar de que la imagen de la pantalla está hecha de puntos, sólo se ve una imagen debido a que los puntos son diminutos y están muy juntos.

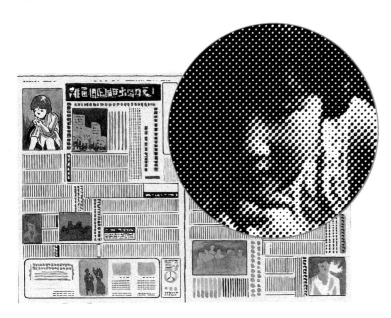

■ Puntos de trama

Las fotografías de los periódicos también están hechas de puntos de trama. Mira de cerca la fotografía de la cara de un niño, y verás los puntos. Mírala de lejos y verás la imagen que forman.

● A los padres

Si se agrupan muy juntos unos de otros, los puntos pueden llegar a parecer líneas o áreas compactas. Esto se llama puntillismo. Los tres colores primarios de la luz son el rojo, el verde y el azul. Cuando éstos se mezclan, pueden formar cualquier otro color a excepción del negro. Estos tres colores son los que se utilizan para crear las imágenes de televisión. Los colores primarios son los colores espectrales magenta, cián y amarillo. Cuando se les sustrae la luz blanca, pueden formar todos los demás colores. Los puntos de color cián y los amarillos forman el verde, los amarillos y los de color magenta forman el rojo, y los de color magenta y cián forman el azul. Una mezcla equilibrada de los colores primarios produce un pigmento negro.

¿Por qué los estilos de arte difieren de un país a otro?

RESPUESTA En tiempos antiguos muy poca gente visitaba otros países, porque entonces viajar no era tan fácil como ahora. Como consecuencia, cada país desarrolló su propia forma de vida, su propio lenguaje y su propio estilo de arte. En nuestros días, al haber medios de transporte rápidos y modernos, han aparecido estilos de arte comunes en muchos países.

▶ Esta pintura mural del antiguo Egipto parece que fue pintada como documento histórico.

El arte alrededor del mundo

◀ Este cuadro fue pintado en Europa durante la Edad Media. Muestra cómo cultivaba y cazaba la gente en aquel tiempo.

▶ Esta elegante estatua fue esculpida en la antigua Grecia, a partir de un solo bloque de piedra.

◀ En esta estampa japonesa, hecha con un molde de madera, se puede ver en el horizonte el monte Fujiyama sobresaliendo entre las olas.

Este calendario de México está hecho con forma de rostro.

Esta máscara de África tiene la forma de un escorpión.

▲ Esta clase de dibujo, hecho con tinta china y originario de este mismo país, a menudo se denomina *suiboku*, un término que procede de Japón, en donde este estilo se desarrolló posteriormente.

◀ Esta escultura budista de la India difiere de las esculturas budistas de China o Japón. Las prendas de vestir y los accesorios son mucho más elaborados.

• A los padres

En el pasado, el arte consistía principalmente en representaciones de personas importantes y de dioses. Aunque normalmente cada estilo de arte estaba limitado a su país de origen, hay pruebas de que un estilo podía pasar gradualmente de un país a otro. Por ejemplo, es evidente que hay una cierta influencia del estilo griego en la escultura budista india, china y japonesa. Pero cuando este estilo se extendió desde la India, pasando por China, hasta Japón, sus características variaron.

¿Cómo se pueden hacer esculturas a partir de las rocas?

RESPUESTA Primero, el escultor tiene que encontrar una roca que sea lo suficientemente grande para que pueda hacer su escultura. Después, tiene que esculpirla dándole la forma que desee. Las herramientas principales para hacer esto son un martillo y un cincel.

■ Esculturas de roca famosas

En la isla de Pascua, situada 3.700 kilómetros al oeste de América del Sur, hay unas 600 grandes estatuas de piedra. Nadie está seguro de quién las hizo o por qué. El monte Rushmore, que está cerca de Rapid City, Dakota del Sur, en el norte de Estados Unidos, fue perforado con barrenos y después se esculpieron en él las caras de los presidentes estadounidenses George Washington, Thomas Jefferson, Theodore Roosevelt y Abraham Lincoln. Estos ejemplos de esculturas en rocas son conocidos mundialmente.

▼ Los presidentes de Estados Unidos en piedra

▲ Las estatuas de piedra de la isla de Pascua

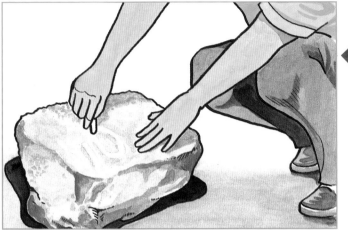

▲ Primero se dibuja el esbozo sobre la roca con una tiza.

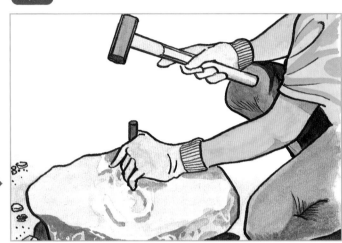

▲ El escultor, que lleva unos guantes para proteger sus manos, va rompiendo trocitos de roca poco a poco usando un martillo y un cincel. Este trabajo requiere paciencia y cuidado, pero finalmente la roca va adquiriendo cierta forma.

▲ Usando sólo el cincel, el escultor sigue con su trabajo, ahora añadiendo detalles a la forma básica.

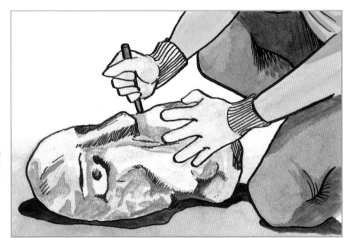

▲ El trabajo más refinado de los rasgos pone fin a la escultura que ves aquí, una pequeña maqueta de una de las estatuas de la isla de Pascua.

● A los padres

La escultura incluye tallas de piedra o de madera, imágenes de escayola moldeada o de arcilla, o esculturas en las que metales, como el bronce fundido, son introducidos dentro de un molde de escayola. Debido a que la piedra ha sido asequible desde siempre y es conocida por todos, hoy en día existen esculturas de piedra muy antiguas.

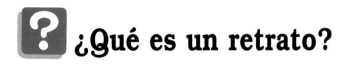

¿Qué es un retrato?

RESPUESTA Un retrato es el dibujo de la cara de una persona o de su cuerpo entero. En tiempos antiguos no había cámaras, así que si alguien quería que su apariencia fuese recordada, tenía que pedirle a un artista que pintara su retrato.

■ **Los retratos a través de los años**

1 *La Gioconda*, **de Leonardo da Vinci**
Este famoso retrato fue pintado unos 40 años después del de la izquierda. En él se muestra a una mujer de cintura para arriba y con la cara orientada hacia el espectador. La luz y la sombra son más acentuados.

2 *Retrato de la duquesa de Urbino*,
de Piero della Francesca
En la mayoría de los casos, los primeros retratos, como éste que se hizo alrededor del 1465, mostraban el perfil de la cara y sólo un poco de cuerpo. Así es como aparecen las caras en las monedas.

3 *Retrato de una mujer*, de Frans Hals
Durante un tiempo, los retratistas normalmente pintaban sólo a personas de alto rango, pero en el siglo XVII empezaron a hacer retratos de gente corriente, como hizo el pintor holandés Frans Hals entre los años 1630 y 1650.

4 *Nelly O'Brien*, de Joshua Reynolds
El arte de los retratos fue desarrollado todavía más por el pintor británico Joshua Reynolds. Este cuadro de 1761 muestra el encanto y la observación cuidadosa que era capaz de poner en un retrato.

■ Inténtalo tu mismo

¿Por qué no intentas hacer un retrato? Si se te hace difícil plasmar tu dibujo en el papel, prueba de empezar por la nariz.

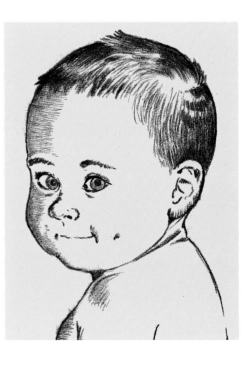

• A los padres

El retrato data como mínimo del siglo IV a.C., cuando Alejandro Magno tenía sus propios artistas. Los retratos probablemente surgieron del deseo de dejar constancia de la propia existencia. Cuando se inventó la cámara fotográfica, esta clase de pintura fue a la baja, pero algunos retratos pueden ser tan naturales que se pueden confundir con fotografías.

¿Cómo puedes hacer una impresión con papel?

RESPUESTA Para hacer una impresión con papel, recorta algunas siluetas de papel y pégalas sobre una hoja formando un dibujo. Entonces entíntalo con un rodillo y presiona una hoja de dibujo sobre él. La tinta se pega a la hoja de dibujo y crea una impresión que puede ser más interesante que un simple dibujo o cuadro.

■ **Vamos a hacer una impresión con papel**

1 Piensa en el dibujo del que quieres hacer una impresión. Entonces recorta las siluetas del dibujo de un trozo de papel.

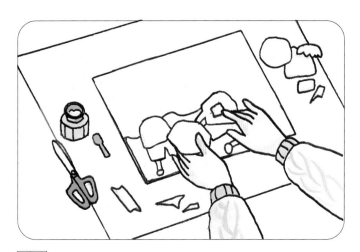

2 Pega las siluetas con mucho cuidado y habilidad sobre una hoja de papel grueso.

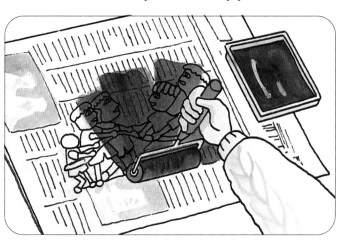

3 Recorta de una hoja de periódico la silueta de todo el dibujo. Pon la hoja de periódico encima del dibujo de forma que éste coincida con el agujero que ha quedado en el periódico, y entonces entíntalo con un rodillo.

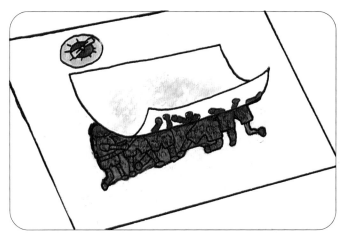

4 Ahora pon una hoja de papel de dibujo encima de las siluetas entintadas y frótalo con una almohadilla, apretando bien para conseguir una buena impresión.

Cuando termines de frotar, quita la hoja y, sobre ella, verás la impresión del dibujo que habías hecho con las siluetas.

■ Vamos a hacer una plantilla

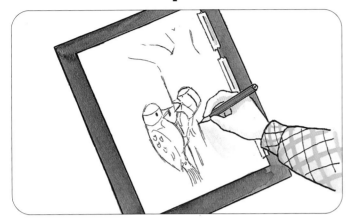

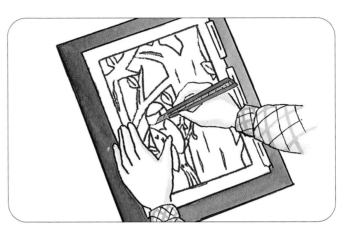

| 1 | Primero dibuja los contornos de un dibujo en una hoja de papel. También tendrías que dibujar un margen alrededor del dibujo para que cuando la plantilla esté recortada se pueda sujetar al papel. |

| 2 | Marca las áreas que quieres recortar y las que quieres dejar en la plantilla. Entonces utiliza una cuchilla para recortar las partes que quieras quitar. Ten cuidado con la afilada cuchilla, o pide ayuda a un adulto. |

| 3 | Pon la plantilla encima de una hoja de papel de dibujo y fíjala para que no se deslice. Mezcla algo de pintura, que sea bastante espesa, y aplícala por toda la superficie de la plantilla con un tampón o con una esponja. |

| 4 | Cuando hayas terminado de aplicar la pintura, quita la plantilla con cuidado y observa tu dibujo. Prueba de utilizar la plantilla sobre un papel coloreado para conseguir un efecto diferente. |

◀ Y aquí está tu lámina terminada.

● A los padres

Las impresiones con papel son muy divertidas y fáciles de hacer. Deje que los niños escojan un motivo; si es algo con mucho movimiento, que decidan que posturas quieren. Una vez han hecho esto, sólo tienen que recortar las siluetas, pegarlas y aplicar la tinta. Cuando los niños hagan plantillas, hay que avisarles de lo afilada que es la cuchilla, para que tengan cuidado de no cortarse. Se puede hacer un tampón envolviendo una pelota de trapos con una tela y atándola con un cordel. Los colores se pueden mezclar si se intentan aplicar todos con el mismo tampón, así que prepare de antemano varios tampones.

¿Qué es la papiroflexia?

RESPUESTA La papiroflexia es el arte y habilidad de dar a un trozo de papel, doblándolo convenientemente, la figura de determinados seres y objetos. Intenta hacer las figuras que te enseñamos aquí, tomando como base un papel cuadrado con las dos caras de distinto color. Mira los dibujos atentamente para doblar el papel correctamente. ¡Lo encontrarás muy divertido!

■ Haz una grulla

Dobla un trozo de papel cuadrado por la mitad.

1

Dóblalo por la mitad otra vez.

2

Toma una de las dos puntas y dóblala hacia ti para hacer un dobladillo. Haz lo mismo con la otra punta. Ahora ponlas de la misma manera que estaban antes de hacer las marcas.

3

Pon un dedo entre las dos capas superiores de papel. Estira la capa superior hacia arriba y aplánala de manera que quede como el dibujo que tienes aquí. Da la vuelta al papel y haz lo mismo con la otra parte.

4

Dobla las dos puntas superiores hacia la marca del centro tal como te muestra la figura de la derecha. Ahora ponlas tal y como estaban antes de hacer la marca. Da la vuelta al papel y vuelve a hacer lo mismo.

5

6

Toma la capa superior de papel por la punta de abajo y estírala hacia arriba de manera que las caras se junten y el papel quede plano. Da la vuelta al papel y vuelve a hacer lo mismo.

7

Dobla los lados por las líneas punteadas hacia el centro tal y como muestra el dibujo 7. Da la vuelta al papel y vuelve a hacer lo mismo. Ahora deberías tener lo que está representado en el dibujo 8.

8

9

Toma una de las puntas inferiores, abre las partes dobladas por el lado y estira la punta hacia arriba entre las dos partes del papel. Repite lo mismo con la otra parte.

10

Toma una de las puntas y dobla sólo la punta hacia abajo para hacer la cabeza de la grulla.

11

Dobla el papel a cada lado de la cabeza para hacer las alas. Ahora deberías tener hecha la grulla.

Haz una cigarra

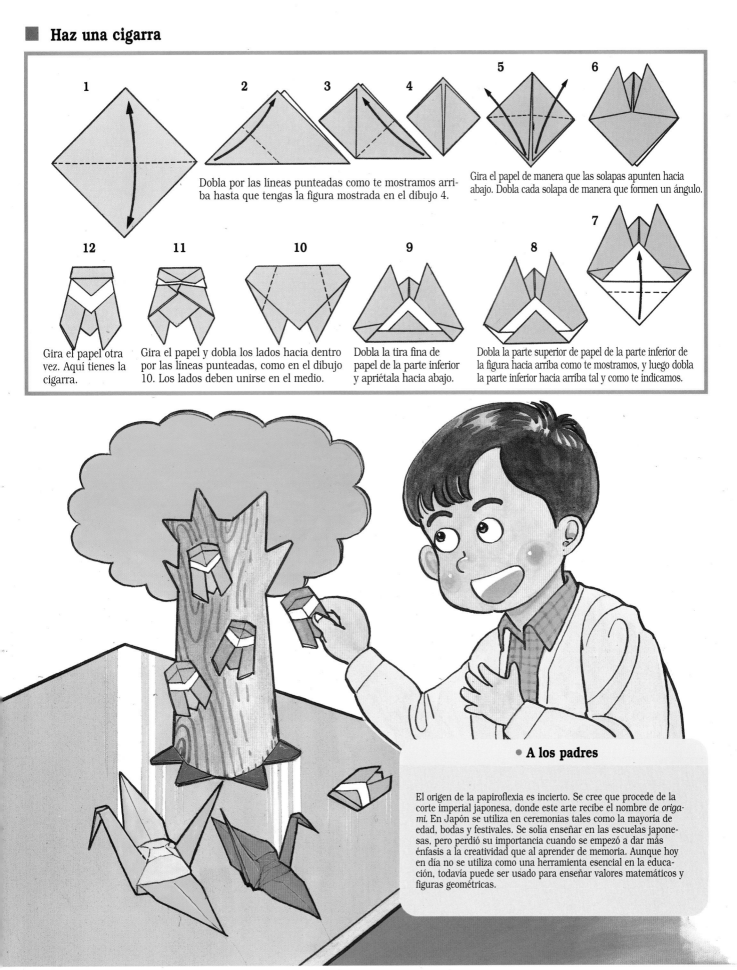

1

2

3

4

5

6

Dobla por las líneas punteadas como te mostramos arriba hasta que tengas la figura mostrada en el dibujo 4.

Gira el papel de manera que las solapas apunten hacia abajo. Dobla cada solapa de manera que formen un ángulo.

7

12

11

10

9

8

Gira el papel otra vez. Aquí tienes la cigarra.

Gira el papel y dobla los lados hacia dentro por las líneas punteadas, como en el dibujo 10. Los lados deben unirse en el medio.

Dobla la tira fina de papel de la parte inferior y apriétala hacia abajo.

Dobla la parte superior de papel de la parte inferior de la figura hacia arriba como te mostramos, y luego dobla la parte inferior hacia arriba tal y como te indicamos.

● A los padres

El origen de la papiroflexia es incierto. Se cree que procede de la corte imperial japonesa, donde este arte recibe el nombre de *origami*. En Japón se utiliza en ceremonias tales como la mayoría de edad, bodas y festivales. Se solía enseñar en las escuelas japonesas, pero perdió su importancia cuando se empezó a dar más énfasis a la creatividad que al aprender de memoria. Aunque hoy en día no se utiliza como una herramienta esencial en la educación, todavía puede ser usado para enseñar valores matemáticos y figuras geométricas.

![?] ¿Cómo puedes hacer dibujos con perspectiva?

(RESPUESTA) Es difícil mostrar cosas lejanas o tridimensionales en un trozo plano de papel, pero se puede hacer. Si sigues las reglas que te damos aquí podrás dibujar cosas de la vida real que parezcan igual sobre el papel. El dibujar las cosas lejanas de esta manera se llama perspectiva.

■ **¡Éste está mal!**

Aquí la persona que se supone que está lejos parece demasiado grande, y la carretera y los edificios no están alineados.

■ **¡Éste está bien!**

En este dibujo la persona que está a lo lejos está dibujada mucho más pequeña que la mujer que está cerca, y las calles y edificios están proporcionados.

■ Añade algunas líneas

En este dibujo algunas líneas de las cosas que se han dibujado han sido prolongadas. Fíjate en que todas las líneas se encuentran en un punto. Éste se llama el punto de fuga. Por lo tanto, para dibujar cosas en la distancia, fija el punto de fuga y luego dibuja líneas partiendo de él. Entonces podrás hacer un dibujo que parezca real.

■ Un dibujo con dos puntos de fuga

Si tienes dos puntos de fuga en lugar de uno, puedes hacer dibujos como éste. Los puntos de fuga de la izquierda y de la derecha parecen lejanos.

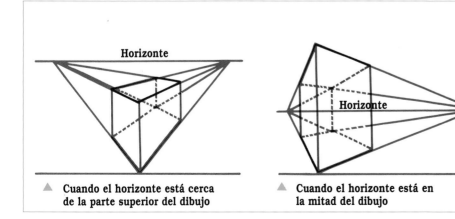

▲ Cuando el horizonte está cerca de la parte superior del dibujo

▲ Cuando el horizonte está en la mitad del dibujo

¿Cómo puedes hacer dibujos animados?

RESPUESTA La animación es el procedimiento mediante el cual se da movimiento a los dibujos. Se hace mediante una serie de dibujos, cada uno un poco diferente del anterior. Cuando los dibujos se amontonan en orden y se pasan con los dedos muy rápidamente, parece que los dibujos se estén moviendo. Este método es el que se usa para hacer películas de dibujos animados.

▲ En la película de dibujos animados de arriba se muestran 24 dibujos por segundo, que varían ligeramente uno de otro. Eso hace que el gato parezca que ande.

■ **Un pase rápido**

Este truco para animar dibujos fue creado en Gran Bretaña en el siglo XIX. Se dibuja un caballo en la parte de delante de una tarjeta y el dibujo del jinete en la posterior. Cuando la tarjeta se pasa rodando rápidamente, cada dibujo sigue al otro tan rápido que parece que el jinete esté montando el caballo.

Haz tu propio dibujo animado

Copia o calca cada uno de estos dibujos. Recórtalos y sujétalos en orden. Cuando los pases con los dedos parecerá que el chico está chutando el balón.

• A los padres

Una característica del ojo humano es que retiene la imagen de un objeto durante un corto espacio de tiempo después de que haya cesado la estimulación visual original. Esto se conoce como la imagen posterior. Si al observador se le presenta una sucesión rápida de dibujos sutilmente diferentes, la animación explota la imagen posterior y parece mostrar movimiento continuo. Eadweard Muybridge, un británico que fue pionero en la animación, demostró con una técnica fotográfica que las cuatro patas de un caballo al trote están en el aire en un momento determinado. Las fotografías de Muybridge fueron la base de los primeros dibujos con movimiento.

¿Cómo puedes hacer que las cosas que dibujas parezcan reales?

RESPUESTA Cada objeto tiene una forma básica, aunque ésta sea difícil de ver. Con esta forma básica como guía puedes hacer dibujos que parezcan reales.

▲ La forma básica de un balón es una circunferencia.

■ Establece la forma

¿Qué forma tiene un objeto? Fíjate cuidadosamente en él y decide.

▲ Una lata es un cilindro.

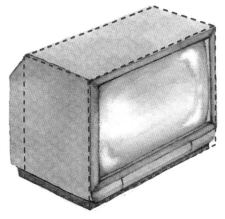

▲ Un televisor tiene forma de caja.

■ Descubre las formas escondidas

Si las observas detenidamente, descubrirás que incluso cosas que no tienen una forma obvia, en realidad sí tienen una. Incluso pueden ser una combinación de formas.

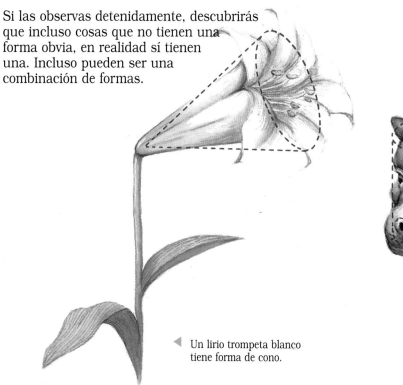

◀ Un lirio trompeta blanco tiene forma de cono.

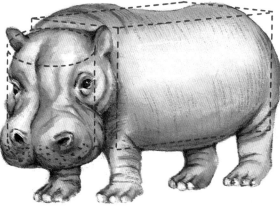

▲ El cuerpo de un hipopótamo tiene forma de caja y su cabeza de cilindro.

Intenta dibujar una casa

Si te fijas atentamente en la casa en la que vives, verás que se combinan muchas formas diferentes. ¿Puedes ver las formas de la casa de la derecha?
Para dibujar una simple casa podrías empezar por las formas básicas y entonces añadir los detalles.

 El tejado cubre la parte superior de la casa, que tiene forma de ladrillo.

▲ Si dibujas todas las formas básicas que componen tu casa y después añades los detalles, tu dibujo debería parecerse a la casa de verdad.

COMPRUÉBALO

Dibuja un gato

¿Qué formas diferentes componen la forma de un gato? Observa con atención y mira cuáles son antes de empezar a dibujar.

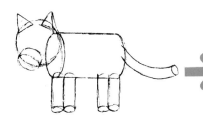

▲ La cabeza es como un bola y el cuerpo como un cilindro.

▲ Si juntas todas las partes, obtendrás un gato.

• A los padres

Todas las cosas se componen de unas formas básicas. Para que los niños lo entiendan, pueden practicar dibujando cosas que estén por la casa. Incluso algo que parece complicado, como un animal, se puede desglosar en formas más simples. Es importante asegurarse de cuáles son estas formas para hacer dibujos tridimensionales realistas.

¿Por qué algunos artistas pintan cuadros que son tan difíciles de entender?

(RESPUESTA) Las personas pueden tener muchos sentimientos. Entre ellos están la alegría, la tristeza, la preocupación y la emoción. Algunos artistas pintan cuadros que intentan mostrar estos sentimientos. Estos cuadros a menudo parecen extraños y dan la impresión de no tener ningún significado, pero en realidad son símbolos de nuestros sentimientos. Este arte se llama abstracto o surrealista.

▷ Los pensamientos y los sentimientos no tienen forma, así que los artistas tienen que buscar otras maneras de pintarlos.

▲ *Cintas y cuadrados*, de **Wassily Kandinsky.** Esta abstracción contiene una rueda, una escalera y una cabeza de pollo con los colores del arco iris. ¿Qué crees que significa este cuadro?

▷ *Un hombre y su perro bajo el sol,* de **Joan Miró.** ¿Puedes ver el hombre, el perro y el sol en el cuadro?

Cambios en el estilo

En estos cuadros se muestra la angustia de tres maneras distintas. A la derecha, Van Gogh usó colores vivos y espesas pinceladas en forma de remolinos. Matisse utilizó formas simples para representar la tristeza en el dibujo de abajo. Picasso usó un estilo muy diferente en su cuadro de la parte inferior derecha. Puedes ver que es una mujer llorando, pero los contornos dentados del dibujo aumentan el dolor de la mujer.

▲ *Una noche estrellada*, de Vincent van Gogh

▲ *La tristeza del rey*, de Henri Matisse

● A los padres

La pintura abstracta floreció durante y después de la Primera Guerra Mundial, en medio de una situación global inestable y con el temor extendiéndose por toda Europa. Hasta entonces se habían utilizado métodos básicos y ortodoxos para la expresión artística. El advenimiento de una guerra que mató a tanta gente y que destruyó tantas cosas provocó la aparición de un movimiento de muchos artistas que decidieron pintar un recuerdo de esos tiempos tan problemáticos. Querían representar el caos, para que éste no fuera olvidado cuando hubiera pasado. Mientras que a primera vista puede que los frenéticos cuadros abstractos sean difíciles de comprender, a menudo representan una efusión de las emociones más profundas del corazón del artista.

▲ *Mujer llorando*, de Pablo Picasso

¿Sabías que se pueden hacer impresiones con un molde de madera?

RESPUESTA La xilografía consiste en entintar un molde de madera en el que se ha tallado un dibujo e imprimir este dibujo en un papel. El dibujo se hace quitando trozos de madera de la superficie del molde mediante unos cinceles especiales llamados escoplos.

■ Cómo hacer una xilografía

▲ Primero dibuja un esbozo en un trozo de papel.

▲ Pinta, a la inversa, con tinta clara el esbozo del dibujo en la madera, marcándolo bien para que puedas ver dónde tienes que cortar.

▲ Empieza a tallar el molde de madera usando los escoplos.

■ ¡Ten cuidado!

Los escoplos para trabajar moldes de madera son igual de afilados que los cuchillos. Siempre que utilices uno, asegúrate de que la mano que mantiene firme el escoplo está detrás del filo de éste. Nunca pongas la mano delante del escoplo.

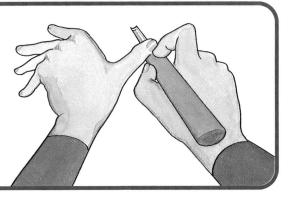

Los escoplos y sus puntas

Los útiles para tallar moldes de madera, los escoplos, se hacen con filos de diferentes formas. Aquí puedes ver los efectos que crean algunos de estos filos. Con la pintura normal y corriente no se pueden conseguir estos efectos.

① ② ③ ④

1 Escoplo con filo inclinado **2** Escoplo en forma de U **3** Escoplo en forma de V **4** Escoplo plano

▲ Cuando hayas terminado de tallar el molde de madera, cubre uniformemente de tinta su superficie usando un rodillo.

▲ Coloca con cuidado tu papel de imprimir encima del molde entintado y frótalo bien con una almohadilla.

▲ Cuidadosamente, quita la hoja impresa acabada del molde.

Construye una tabla de trabajo

Te será útil construir una tabla de trabajo que se acople a la parte superior de tu mesa o escritorio. Ésta impedirá que el molde de madera se mueva mientras lo estés tallando.

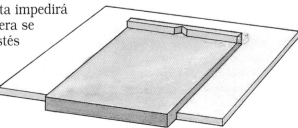

¿Qué es el veteado?

RESPUESTA El mármol veteado es una piedra natural que tiene unos hermosos diseños llamados vetas. El término "veteado" proviene de los diseños que tiene esta piedra. También describe un método de impresión en el que el papel absorbe agua en la que se ha vertido pintura al óleo. Esto le da al papel una apariencia similar a la del mármol veteado.

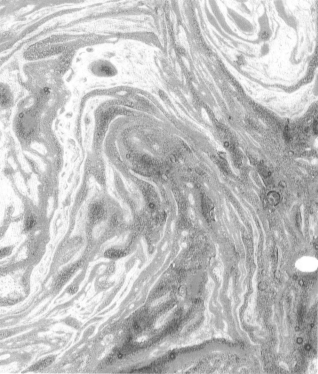

Esta impresión se ha hecho con la técnica del veteado. Su diseño ondulante no tiene una forma definida.

■ Cómo se realiza el veteado

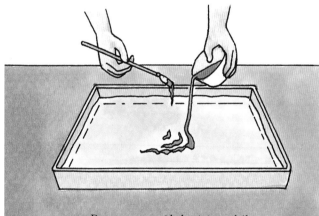

Derrama con cuidado pintura al óleo dentro de una cubeta con agua.

Mueve la pintura lentamente con un palo de manera que forme un dibujo.

COMPRUÉBALO

No muevas el papel de un lado a otro ni lo aprietes. Sencillamente déjalo allí. Para vetear sólo una parte de la hoja, sujeta con mucho cuidado uno de sus extremos fuera del agua.

Con la técnica del veteado puedes hacer cuadros con diseños muy variados. Puedes usar pintura azul para representar el agua y crear cuadros interesantes.

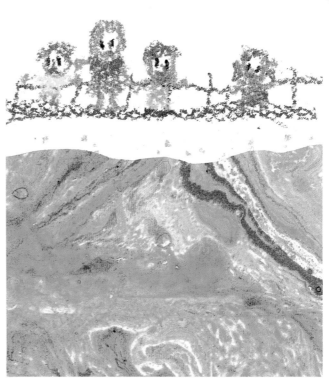

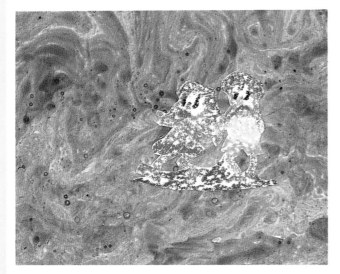

▲ Este cuadro nos lleva a un país mágico

▲ Este cuadro representa un puente colgante sobre un río

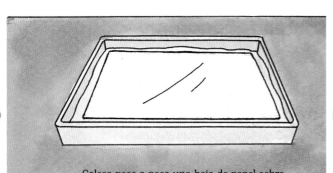

Coloca poco a poco una hoja de papel sobre la superficie del agua. No la aprietes.

Después de que el papel haya absorbido la pintura, levántalo y deja que se seque.

• A los padres

El veteado es una técnica que permite crear dibujos originales e interesantes vertiendo pintura al óleo en una cubeta. Otra manera de hacer impresiones sin una forma concreta es dejando caer tinta o pintura encima de un papel y entonces doblar el papel por la mitad y apretarlo. El pigmento se extiende por las dos mitades de la hoja, formando un dibujo. Generaciones de niños han disfrutado con este método de impresión. Observen atentamente sus dibujos y usen su imaginación para decidir a qué se parecen las manchas de tinta o de pintura.

¿Se pueden hacer xilografías con cartón?

RESPUESTA Usa una cuchilla para cortar finas hendiduras en un trozo de cartón, formando un dibujo. Entinta el cartón y presiona un papel sobre él. La tinta se pega al papel, dejando líneas en los lugares donde el cartón ha sido cortado. Usando este método puedes hacer una xilografía como la que ves a la derecha.

■ Haciendo una xilografía con cartón

▲ Dibuja un esbozo en un trozo de cartón y después grábalo usando una cuchilla.

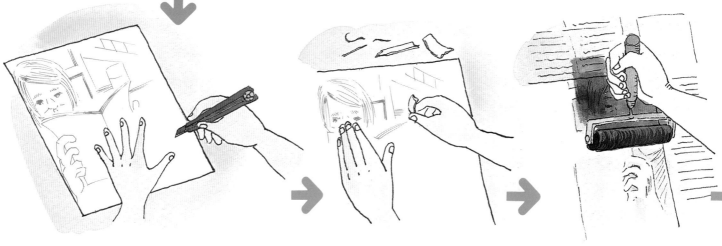

▲ Utiliza un cortador para ahuecar áreas más grandes de cartón.

▲ Quita cualquier papel que quede en los surcos y tíralo.

▲ Usa un rodillo para entintar la superficie del cartón.

■ Inténtalo con una prensa

Utilizando una prensa, puedes hacer una impresión como la de abajo. Primero, se quita –frotando– toda la tinta de la superficie del cartón de manera que, cuando se aprieta muy fuerte un papel contra el cartón, la tinta de las hendiduras se imprime en el papel.

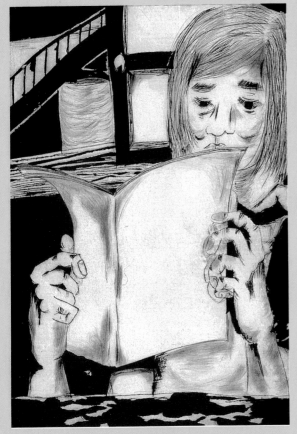

▲ Cubre de tinta la superficie del cartón de forma que ésta se meta dentro de las hendiduras del dibujo.
Después quita frotando toda la tinta de la superficie del cartón.

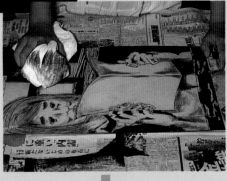

▲ Coloca una hoja de papel encima del molde de cartón y pásalos por una prensa.

▲ Pon un papel encima del cartón y frótalo bien con una almohadilla. Tu xilografía ya está lista.

● A los padres

Tanto los salientes como las hendiduras de un molde de cartón pueden ser entintados para producir una impresión en relieve o una especie de grabado al agua fuerte. Aunque el grabado que se muestra arriba se hizo con un molde de cartón, las planchas grabadas al agua fuerte son normalmente de metal y sus dibujos han sido grabados por la acción de un ácido. También puede hacer impresiones copiando el dibujo en una lámina de acetato. Grabe el dibujo en la lámina usando un instrumento puntiagudo, como un clavo. Entinte la lámina y límpiela, cúbrela con un papel y pásela por una prensa para producir la impresión.

¿Qué es esto?

Piano arpa. Se toca con teclas exactamente como un piano, pero suena como un arpa.

Bastón violín. Cuando tiene la tapa puesta, es un bastón para andar. Cuando se le quita la tapa, es un instrumento de cuerda.

Organillo. Parece un piano que está encima de un carro. Toca música al girar la manivela.

A los padres

A través de los años los instrumentos musicales han experimentado cambios para mejorar su tono y registro, y para hacerlos más fáciles de llevar. En ocasiones, los instrumentos han servido al mismo tiempo de accesorios. Hace tiempo, los señores que iban a dar un paseo llevaban un bastón. Cuando se puso de moda tocar algún instrumento, se inventó el bastón violín.

Álbum de crecimiento

¿Qué instrumentos pertenecen al mismo grupo?

La hilera superior de dibujos muestra diferentes tipos de instrumentos musicales. El A utiliza lengüetas para producir sonidos; el B produce sonidos cuando soplas en él; el C hace sonidos cuando es golpeado; el D tiene cuerdas que hacen sonidos. Cada uno de los instrumentos de la hilera inferior pertenece al mismo grupo de instrumentos de uno de los que están en la hilera superior. Traza una línea entre los instrumentos que pertenecen al mismo grupo.

A Armónica

B Flauta

1 Trompeta

2 Piano

C Tambor

D Violín

3 Acordeón

4 Platillos

¿Cuál fue el precursor de estos instrumentos?

La mitad superior de esta página muestra a los instrumentos precursores de la trompa, el xilófono, el piano y el violín. ¿Puedes emparejar los instrumentos precursores y los instrumentos actuales?

A

B

C

D

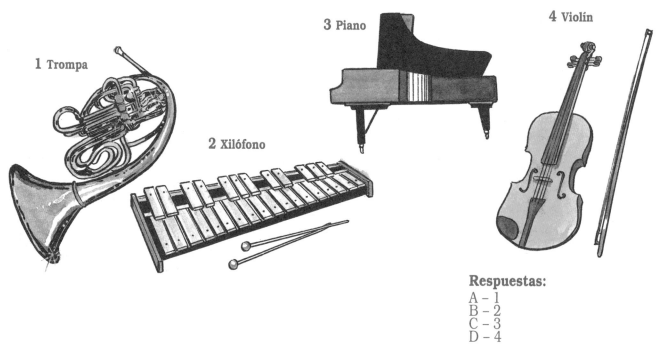

1 Trompa

2 Xilófono

3 Piano

4 Violín

Respuestas:
A – 1
B – 2
C – 3
D – 4

¿Qué tipo de grabado se obtendrá?

¿Qué tipo de grabado se obtendrá usando el método de impresión que se muestra la secuencia de los tres dibujos de abajo? Escoge tu respuesta de entre los grabados que se muestran en el recuadro de la parte inferior izquierda.

1 Pega juntas unas siluetas sobre una hoja de papel para hacer un dibujo.

2 Después entinta el dibujo con un rodillo.

3 Cúbrelo con otra hoja de papel y frota una almohadilla por encima de él.

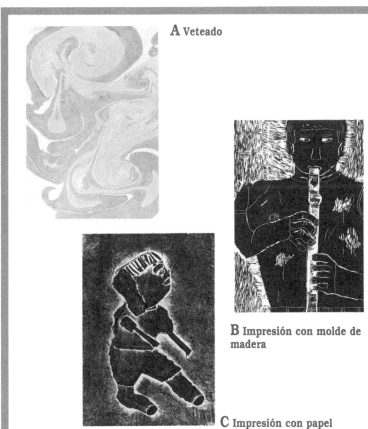

A Veteado

B Impresión con molde de madera

C Impresión con papel

Respuesta:
C – Impresión con papel

¿Qué instrumento se ha utilizado para hacer estos dibujos?

1 Lápiz de color
2 Pincel
3 Lápiz de cera
4 Rotulador

Todos estos instrumentos se pueden usar para hacer dibujos. ¿Cuál de ellos se ha usado para hacer cada uno de los dibujos de abajo?

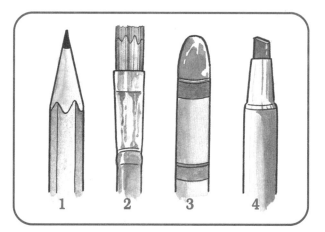

A

B

C

D

Respuestas:
1 – D
2 – B
3 – A
4 – C

¿Qué dibujo muestra las cosas en perspectiva?

¿Cuál de los tres dibujos que hay en esta página
muestra cosas que están lejos?

Respuesta:
2

Primera Biblioteca Infantil de Aprendizaje

Música y Arte

Título de la obra en inglés: **Music and Art**

© Direct Holdings Americas Inc.

Edición Original en idioma japonés
© Gakken Co., Ltd.

Time Life es una marca registrada de Time Warner Inc., o compañía afiliada, usada bajo licencia por Educational Technologies Limited, la cual no esta afilidada con Time Inc. o Time Warner Inc.

Edición original en idioma inglés por:
International Editorial Services Inc.,
Tokio, Japón

Adaptación al español por:
Coordinadora General: Jeanine Beck
Dirección Editorial: Joaquín Gasca
Producción: GSC, Gestión, Servicios y Comunicación, Barcelona (España)
Traducción: Jordi Cuscó i Donadeu
Adaptación y realización: Antón Gasca

Edición autorizada en idioma español publicada por:
D.R. © *Ediciones Culturales Internacionales, S.A. de C.V.,* 2004
        Lago Mask 393, Col. Granada,
        11520, México, D.F.

ISBN 0-7835-4009-4 *Versión en español*
ISBN 0-8094-7325-9 *Versión en inglés*
ISBN 968-418-184-1 *Ediciones Culturales Internacionales, S.A. de C.V.*

Impreso en México, 2004.